Frauen im Garten

Frauen im Garten

Mit einem Text von

Eva Demski

THIELE VERLAG

Ein Garten ist ein wunderbarer
Lehrer. Er lehrt Geduld und
die Gabe zu warten, er lehrt
Fleiß und Sparsamkeit, aber vor
allem lehrt er grenzenloses
Vertrauen.

GERTRUDE JEKYLL,
englische Gartengestalterin

Gärtnern ist keine Frage
von Renommé oder Reichtum,
Gärtnern ist ein
Lebensstil.

BETH CHATTO

Ein Garten spricht alle unsere Sinne an. Wir sehen das Spiel der Farben, hervorgerufen von Blüten, aber auch durch die unterschiedlichen Grüntöne der Bäume und Sträucher. Im gleißenden Sonnenlicht sehen die Gartenfarben anders aus als bei Sonnenuntergang, wenn das Licht durch einzelne Blätter scheint. Und noch anders wirkt ein Garten im Dämmerlicht. Wir riechen den Duft der Pflanzen und der Früchte, wir riechen die Schwere nach einem Regen. Wir fühlen die Oberflächen verschiedener Blätter, Baumrinden, Dornen und Stacheln.

TANIA SCHLIE

EVA DEMSKI

Frauen im Garten

Das ist wahrhaftig unübersichtliches Gelände, schwer zu ordnen, noch schwerer zu bearbeiten. Frauen im Garten – nur so? Genießend und über Entstehung, Anlage, Müh' und Plag' nicht nachdenkend? Als Blumen aus Fleisch und Blut? Die Zeiten sind längst vorbei, und mehr als eine kleine, nachsichtige Nostalgie wollen wir dafür nicht übrighaben. Gärten schmückende Frauen überlassen wir der bildenden Kunst.

Frauen und ihre Gärten, das besitzanzeigende Wörtchen dreht die Sache in die interessante Richtung. Wann gehört einem ein Garten? Von der ersten selbstvergrabenen Krokuszwiebel bis zum letzten gepflückten Apfel, sagen wir, wenn wir ehrlich sind. Frauen wissen viel besser als Männer, dass jeder Garten nur ein geliehener ist, auch die jahrhundertealten Imperien, wie sehr sie auch geliebt und gestaltet wurden von großen Gärtnerinnen – geliehen.

Das wusste auch Vita Sackville-West, die Gartenikone, die mir immer als erste einfällt, wenn es um Frauen und Gärten geht. Nicht, weil sie so besonders, so arrogant und lustig und gärtnerisch großartig gewesen ist, wie sie war, sondern weil ihr berühmter Garten Sissinghurst aus einer großen Trotzreaktion heraus geboren wurde. Sie durfte ihr geliebtes Knowle, den Garten ihrer Kindheit samt Schloss, nicht erben, denn Mädchen erbten nicht. Also ging sie hin und machte aus einem ungeliebten, verwahrlosten Stück Land Sissinghurst, der dann einer der berühmtesten Gärten der Welt werden sollte. Ihre Rundfunksendungen und Briefe, in denen sie ihren Garten und seine Pflanzen wie einen Kontinent voll interessanter, eigenwilliger und skurriler Lebewesen beschreibt, sind heute noch eine Quelle der Ermutigung und machen auch die verzagteste Gärtnerin munter.

Die Art der Gärtnerin

Gärtnerinnenart ist: Sie retten gern etwas. Sie verhelfen einem ungeliebten Fleck Erde, er mag winzig sein oder riesengroß, zu sich selber. Vielleicht ist das die weibliche Art, mit anvertrautem Boden umzugehen: neugierig. Was will er? Was

schenkt er mir? Wozu lässt er sich verführen? Kann ich ihn zu Rosen überreden, obwohl er nicht sehr rosengeeignet ist? Leider geben wir manchmal zu schnell auf oder kuschen vor den Erfolgen unserer selbstbewussteren Gartenschwestern. Die gibt es natürlich auch und sie machen das Leben einer suchenden, irrenden und naiven Gartenfrau nicht einfach.

Vita und ihr Mann Harold waren ein Gartenpaar wie aus dem Bilderbuch. Und man kann an ihren wunderbaren Briefen bis heute studieren, was Frau und Mann im Garten heißt. Harold hatte immer das große Ganze fest im Blick, der Garten war ihm Metapher für Welt, für Ordnung, für Befehl

und Eroberung. Vita wollte ihrem Garten schmeicheln, etwas aus ihm herauslocken, ihm auch zuhören. Je mehr sie das tat, desto weniger interessierte sie die Welt. Wir werden wenige zwanzig- bis dreißigjährige Gartenfrauen finden, das heißt nicht, dass es sie nicht gibt. Aber die große Liebe zwischen Frau und anvertrautem Boden entzündet sich meistens in den etwas späteren Jahren. Das hat etwas mit der Einsicht in die Vergänglichkeit und mit der Hoffnung zu tun, dass im nächsten Jahr alles viel schöner wiederkommen wird. Ein Garten kann das: immer schöner werden! Und wir können, wenn schon nicht uns selber, dann doch ihm dazu verhel-

fen. Darin liegt eine große Befriedigung, und man lernt ganz neue Freuden kennen. Sich nicht mehr in peinigende Schuhe oder entlarvende Klamotten zwängen zu müssen, zum Beispiel, sondern unseren Beitrag zur Verschönerung der Welt mit dreckigen Fingernägeln und taschenreichen Hosen zu leisten.

Meine Briefmarke von Garten

Als ich sie vor vielen Jahren übernahm, war meine Briefmarke von Garten so ungeliebt, wie nur irgendein Stück Stadtboden sein konnte. Damals war er noch

gemietet, genau wie die Wohnung, die an ihm dranhing und die ich blindlings haben wollte, weil es eben diesen Garten gab. Ich wusste, dass er und ich einander brauchen würden, aber nicht, warum das so war. Erstmal gab es vieles andere, das mich interessiert, Reisen, Freunde, Beruf, und das Stückchen Erde hinter meiner Wohnung wartete geduldig. Natürlich hatte ich ihn von den schlimmsten Beleidigungen befreit, schon um zu überleben. Er war nämlich durchzogen von dilettantisch verlegten elektrischen Leitungen, die für das gefängnishofartige nächtliche Licht von Tausendwattstrahlern sorgten. Kreuz und quer waren Hecken gepflanzt und die armseligen Beete mit welligen Plastikbändern begrenzt, die auszugraben lang dauern sollte. Ich fand noch nach Jahren welche. Aber es gab Maiglöckchen, einen alten Sauerkirschbaum und einen gradezu sensationellen Waldgeißbart, der mir einen späteren Teilungsversuch bis heute nicht verziehen hat.

Der kleine Garten hielt mir immer wieder irgendetwas hin, das mir gefiel. Manchmal wusste ich nicht, wie das hieß, was ich sah. Da fing ich an, Bücher zu kaufen, die hießen zum Beispiel: *Was blüht denn da?* – ein Werk, das man vor gartenkundigen Gästen verborgen halten sollte,

weil es einen als kompletten Anfänger entlarvt. Aber es half, ich schaue noch heute manchmal rein.

Der weibliche Umgang mit der Natur

Frauen erobern ihre Gärten nach Art der Wellenfortpflanzung in einem Teich. Sie fangen fast immer mit dem Bereich ums Haus herum an, wagen sich weiter, denken in Flächen und Farben, aber nicht so grandios wie Männer. Sie sind auch viel zögerlicher, wenn es gilt, einen Baum zu opfern. Die alte Frage, was wichtiger ist im Garten, der Plan

oder das vorhandene Lebendige, führt zu tiefen Zerwürfnissen – wunderbar nachzulesen bei Harold und Vita.

Frauen – es gibt natürlich Ausnahmen, wahre Gartendominas von großer Durchsetzungskraft – sind im Umgang mit der Natur schüchterner als Männer. Wir denken bei jedem Gewächs, es müsse doch irgendeinen Grund haben, dass unser Boden grade dieses an grad dieser Stelle hervorbringt. Mit der schöpferischen Grausamkeit, die jeden großen Gärtner auszeichnet, tun wir uns schwer. Wir versuchen eher, uns mit der Flora zu einigen, und bereuen das spätestens im nächsten Frühling, wenn das verschonte

Kraut, mit dem wir eine Abmachung hatten (da, unter der Buche kannst du machen, was du willst, aber nicht ins Rosenbeet kommen!) als erstes im Rosenbeet auftaucht und sonst noch an einem Dutzend Stellen. Aber Hassen ist gar nicht so leicht. Das gilt zum Beispiel für den Giersch, der ja eigentlich ganz ansehnlich ist, aber auch für viele andere Ungebetene:

Die weiße Kugel
des Löwenzahns
hat winzige Zähne
aus Hauch

Vielfach versponnen
locker geschlossen
die spinnfeinen Fäden
bleiben beisammen
in ihrem duftigen Bau
aus Fühlern Ordnung und Luft

Wenn nicht der Wind
in sie fährt
bleibt die empfindlichste Blume
unvermehrt

So zart und schön besingt Rose Ausländer das verdammte, zähe Unkraut, ja, das kann man doch nicht einfach ausreißen!

Ich habe große, bis zur Brutalität konsequente Gartenfrauen kennengelernt, aber jede einzelne hatte ihr Lindenblatt auf der Schulter, die verwundbare, schutzlose Stelle der Sentimentalität. Bei Nona O. war es der Wilde Wein, bei Anni A. die Disteln, bei B. alles, was aus Steinritzen wächst, bei mir sind es hundert Sachen, je älter ich werde, um so mehr. Mein aktuell liebster Gartenterrorist ist der Reiherschnabel. Sowas Hübsches! Allerlei Rosa, zarte Blüten und ein gefiedertes Laub, das zu allem Überfluss wunderbare Herbstfarben annimmt. Wachsen will er überall. Ich lasse ihn einfach.

Abenteuerlust und ein bisschen Mut

Ob Frauen ihren Garten von Beginn an allein regiert haben oder ob sie das nach dem Ende einer Zweisamkeit tun, ist ein großer Unterschied. Bei mir kamen Abenteuerlust und ein bisschen Mut erst, nachdem ich ihn allein hatte, und das auch nicht gleich. Immer probierte ich ein wenig herum, guckte mir im zehnmal so großen Garten meiner Mutter was ab, scheiterte und warf die Hacke oft viel zu schnell ins Gras. Außerdem hielt ich immer wieder andere Dinge für wichtiger.

Ich musste erst noch erwachsen werden, das heißt, den Tod meiner gartengenialen Mutter verkraften, herausfinden, was mir wirklich helfen würde, und danach meine eigenen Gartenwege gehen lernen. Da hatte ich meinen Fleck Erde schon fünfzehn Jahre, gehören tat er mir auch, und wir begannen, richtig zusammenzuwachsen. Oder auch zusammen zu wachsen.

Maler und ihre Gärten

Was ist ein schöner Garten? Die Maler wussten es instinktiv, das einzig Strenge ist nämlich bei gemalten

Gärten der Rahmen. Vincent van Gogh, Édouard Manet, Max Ernst, Paul Klee, Max Liebermann: Alle haben uns Gärten hinterlassen, für sie waren sie festgehaltene Freude, oder Zuflucht, wie bei Nolde, und für uns sind sie das auch. Manche Künstler habe ich im Verdacht, sie hätten auf der Leinwand ihre gärtnerischen Defizite einfach übermalt, jedenfalls schüttelt man in seinem realen Garten kummervoll den Kopf über den Unterschied zwischen gemalten und tatsächlich vorhandenen Schwertlilien, zum Beispiel. Die einen ein Rausch, die anderen ein mageres Desaster. Van Goghs Sonnenblumen kennen keine

Schnecken. Als Anregung sind gemalte Gärten nicht brauchbar, in ihnen kann Frühling, Sommer und Herbst gleichzeitig sein, und Schmetterlinge sind einfach da und kommen nicht aus freßsüchtigen Raupen. Auf Leinwand geht's leicht, das Paradies!

Die anvertraute Erde

Frauen sind viel eher fähig, gärtnerisches Scheitern einzugestehen als Männer. Das liegt am Respekt für den Boden. Die anvertraute Erde ist ein gleichberechtigtes Wesen mit Vorlieben und Abneigungen, wir akzeptieren das und versuchen, Resignation

vor uns selbst als gärtnerische Reife darzustellen. In Wirklichkeit ist es oft Kleinmut.

Die Anlage botanischer Imperien ist überwiegend Männersache, allerdings werden große Parks und Gärten nur noch sehr selten neu erfunden. Grüne Denkmäler stehen nicht mehr so hoch im Kurs wie im achtzehnten oder neunzehnten Jahrhundert. Ob es Vita Sackville-West wichtig gewesen ist, sich Nachruhm anzupflanzen, weiß ich nicht. Ich glaube es eher nicht, da sind wir wieder beim Bewusstsein, eine Leihgabe unter den Füßen zu haben, eine wunderbare, Unsterblichkeit vortäuschende, glückspendende Leihgabe. Ums letzte, um das Glück,

Wenn man bedenkt,
dass das Leben vor
allem im Garten
stattfindet,
dann ist es gar
nicht so traurig.

VINCENT VAN GOGH

geht es hauptsächlich. Auf die Unsterblichkeit kann man sich nämlich nicht verlassen, nicht, was das eigene gärtnerische Tun angeht.

Eine der größten Gärtnerinnen, die ich kannte, Nona Gräfin Oeynhausen, hat das ebenso sachlich wie untröstlich beschrieben: »Das Gedächtnis des einzelnen lässt sich nicht übertragen. Alles, was uns begeistert oder schmerzt, macht sich nur für einen kurzen Augenblick bemerkbar, danach verliert es sich.«

Sie hat ihren Driburger Park, den öffentlichen, ebenso energisch und einfallsreich gestaltet und geliebt wie ihren privaten

Staudengarten. Bei ihr konnte man trotz der weiblich-gärtnerischen Melancholie, die ihr eigen war, das Gegenmittel lernen: Planen. Das nächste Jahr: Experimente, neue Pflanzensorten, dekorative Elemente, schon ist die Frau im Garten durch den Garten getröstet und zuversichtlich.

Die Liebe zum Garten

Gärten sind, wenn man sie lässt, echte Lebensgefährten. Anstrengend manchmal oder undankbar und boshaft: Aber dann wieder voll Großzügigkeit, Charme und Mitgefühl. Treu sein muss man ihnen nur, wenn man will. Ich kenne starke und mutige Frauen, die mehrere Gärten gleichzeitig und jeden nach seiner Art lieben können, und für die es die echte Herausforderung bedeutet, hier mit Sand und da mit Lehm, hier mit Dunkelheit und dort mit Tropensonne klarzukommen. Für mich wäre das wahrscheinlich nichts, so lange ich noch von meinem alten, überschaubaren Fleck Erde jeden Tag überrascht werde. Aber von fremden Gärten träumen, ihnen sehnsüchtig und ein bisschen neidisch hinter die Hecken und über die Zäune schauen – das tu ich oft. Das tut jede Frau.

Im Garten begegnen wir uns selbst.
Denn hier finden wir, je nach Laune,
Charakter oder momentanem Bedürfnis,
Stille und Rückzug, Zeit zum Nachdenken
und zur Innenschau, Schönheit und
Harmonie, innere Einkehr und Begegnung
mit anderen. Der Garten
ist ein **Seelenraum.**
Er kann, ebenso wie die weite Natur,
unsere Empfindungen verstärken.

TANIA SCHLIE

Lange und ausgiebig Bücher oder
Zeitungen zu lesen und zu frühstücken,
kommt meiner Idealvorstellung von
einem perfekten Tagesbeginn sehr nahe.
Und eigentlich fehlt mir in meinem
Leben auch nicht viel zu diesem Glück.
Höchstens der Blick in einen
herrlichen Garten …

CHRISTINE WESTERMANN

Der Garten der Freundinnen ist
ein Ort physischen Wohlbehagens.
Entspannte Haltung, nackte Füße,
ein neues Kleid, eine Tasse Tee oder
ein Glas Champagner, dazu ein
vertrauens- und liebevolles Gespräch,
eine Selbstvergewisserung und
gegenseitige Bestärkung. Das ist
das Paradies der Frauen, ein

Wonnegarten.

TANIA SCHLIE

Emil Nolde.

Es gibt kein Erwachsen-
werden, bevor man nicht
Löwenzahnsträuße
gesammelt hat, die man
mit beiden Händen
kaum umfassen kann.

SUSANNE MAYER

Ein orientalischer Teppich, der in der Sonne schwebt.

EDITH WARTON

über den Blumengarten, den sie aus ihrem

Schlafzimmerfenster sehen konnte

Garcia y Rodriguez
Sevilla 1906

Meine Schwester, liebe Braut,
du bist ein verschlossener Garten, eine
verschlossene Quelle, ein versiegelter Born.
Du bist gewachsen wie ein Lustgarten
von Granatäpfeln mit edlen Früchten,
Zyperblumen mit Narden, Narde und
Safran, Kalmus und Zimt, mit allerlei
Weihrauchsträuchern, Myrrhe und Aloe,
mit allen feinen Gewürzen.

DAS HOHELIED SALOMOS

Alte Gärten mit Bäumen
und Gewächsen, die über hundert Jahre
alt sind, die Moos und Patina angesetzt
haben, rühren uns mit ihrer Vergangenheit,
mit den Geschichten, die sie uns erzählen.
Eine riesige Eiche, ein alter Apfelbaum
mit Hunderten von rotleuchtenden
Früchten, eine überwucherte Laube,
zuwachsende Wege, Hornveilchen,
die aus einer Ritze zwischen Steinen
hervorbrechen, bemooste Wurzeln,
sie fordern unsere Bewunderung, unsere
Ehrfurcht, unsere Phantasie heraus.

TANIA SCHLIE

Man muss nicht
erst sterben, um ins
Paradies
zu gelangen, solange
man einen Garten hat.

PERSISCHE WEISHEIT

Ein alter Garten
ist immer beseelt.
Der seelenloseste Garten
braucht nur zu
verwildern,
um sich zu beseelen.

TANIA SCHLIE

Boldini

Ich bin immer
glücklich – im Freien,
versteht sich.

ELIZABETH VON ARNIM

Unsichtbar unter ihrem
Garten lag ein anderer, ihr
Kindheitsgarten.
Den versuchte sie immer
wieder hervorzuholen, und
manchmal gelang es ihr wohl.

EVA DEMSKI

Der Garten existiert nur
in den ersten und den
letzten Stunden wirklich,
in der Euphorie der
Übergänge zwischen
Tag und Nacht.

ANNE-MARIE KOENIG

BILDNACHWEIS

Seite 2/3 Claude Monet (1840-1926): Der Garten des Künstlers in Argenteuil, 1873. Seite 4/5 Peder Severin Krøyer (1851-1909): Rosen, 1883 (Marie im Garten von Skagen, Skagens Museum). Seite 6/7 Marc Chagall (1887-1995): Bella und Ida (Archiv für Kunst und Geschichte). Seite 8 Lauritz Anderson Ring (1854-1933): An der Gartentür (Die Frau des Künstlers, Statens Museum for Kunst, Kopenhagen). Seite 10 Robert Lewis Reid (1862-1939): Ein Sommertag im Blumengarten (Privatsammlung). Seite 13 Victor Gabriel Gilbert (1847-1933): Die Bewässerung des Gartens (Privatsammlung). Seite 14 Maurice Marinot (1882-1960): Lesende Frau im Garten (Privatsammlung). Seite 16 Eva Demski in ihrem Garten. Photographie von Isolde Ohlbaum. Seite 19 Victor Gabriel Gilbert (1847-1935): Eine Gärtnerin mit Blumen. Seite 20 Tavik Frantisek Simon (1877-1942): Vilma beim Lilienpflücken in ihrem Pariser Garten, 1910. Seite 23 Frederick Carl Frieseke (1874-1939): Frau in einem Garten (Privatsammlung). Seite 24 Pierre-Auguste Renoir (1841-1919): Frau im Garten von Saint-Cloud, 1899. Seite 26/27 Philip Leslie Hale (1865-1931): Die Kletterrose (Privatsammlung). Seite 28 Edward Cucuel (1875-1954): Sommer (Privatsammlung).

Seite 30 John William Waterhouse (1849-1917): Die Orangenpflückerinnen (Bridgeman Images). Seite 32 Berthe Morisot (1841-1895): Junge Frau am Fenster, 1880 (Sommer, Archiv für Kunst und Geschichte). Seite 35 Jane Maria Bowkett (1837-1891): Junge Dame in einem Gewächshaus (Bridgeman Images). Seite 36 Guy Rose (1867-1925): Der blaue Kimono (Privatsammlung). Seite 38/39 Myles Birket Foster (1825-1899): Ein Nachmittag im Garten (Privatsammlung). Seite 41 Ethel Walker (1861-1951): Der Garten, 1899 (Privatsammlung). Seite 42 Peder Severin Krøyer (1851-1909): Marie im Garten (Skagens Museum). Seite 44 Peder Severin Krøyer (1851-1909): Marie auf dem Gartenweg, 1895 (Skagens Museum). Seite 47 Édouard Manet (1832-1883): Junge Frau im Garten, 1880. Seite 49 Robert Lewis Reid (1862-1939): Die gelbe Blume (Die Frau des Künstlers im Garten). Seite 50 Édouard Manet (1832-1883): Im Garten der Villa Bellevue (Archiv für Kunst und Geschichte). Seite 53 Claude Monet (1840-1926): Camille Monet im Garten von Argentueil, 1876. Seite 54 Cuno Amiet (1868-1961): Ruhepause (Privatsammlung). Seite 56 Sir Lawrence Alma-Tadema (1836-1912): Flora (Bridgeman Images). Seite 58/59 Carl Larsson (1853-1919): Die Brücke (Archiv für Kunst und Geschichte). Seite 60 Frederick Carl Frieseke (1874-1939): Im Garten von Giverny,

1910-1912 (Privatsammlung). Seite 63 Giovanni Boldini (1842-1931): Berthe im Garten (Privatsammlung). Seite 64 John James Chalon (1778-1854): Gartenseite von Mr. Robert Vernons Haus in Twickenham (Bridgeman Images). Seite 67 Édouard Manet (1832-1883): Junge Frau zwischen den Blumen, 1879. Seite 68 Robert Lewis Reid (1862-1939): Im Blumengarten, 1900 (Privatsammlung). Seite 70/71 Robert Panitzsch (1879-1949): Rosengarten (Privatsammlung). Seite 73 Sir Edward Poynter (1836-1919): In einem Garten (Bridgeman Images). Seite 74/75 Ernest Bieler (1863-1948): Die zwei Weißen, 1898 (Privatsammlung). Seite 77 Lawton S. Parker (1868-1954): Tee im Grünen (Privatsammlung). Seite 78/79 Emil Nolde (1867-1956): Blumen im Garten (Bridgeman Images). Seite 80/81 Hans Anderson Brendekilde (1857-1942): Der Cottage-Garten (Privatsammlung). Seite 82 Frederick Childe Hassam (1859-1935): Blumenpflücken in einem französischen Garten (Privatsammlung). Seite 84/85 Claude Monet (1840-1926): Im Garten von Giverny, 1875. Seite 86/87 John William Godward (1861-1922): Sommerblumen, 1903 (Privatsammlung). Seite 88/89 Manuel Garcia y Rodriguez (1863-1925): Garten im Alcazar von Sevilla, 1906 (Privatsammlung). Seite 90/91 Harry Mitten Wilson (1877-1923): Ein Nachmittagsschläfchen (Bridgeman Images). Seite 93

John William Waterhouse (1849-1917): Rosebuds, 1909 (Bridgeman Images). Seite 94/95 Walter Launt Palmer (1854-1932): Nachmittags in der Hängematte (Artothek). Seite 97 John William Waterhouse (1849-1917): Windblumen (Privatsammlung). Seite 98/99 Guy Rose (1867-1925): Mädchen in einem Wickford Garten, New England (Privatsammlung). Seite 101 John William Waterhouse (1849-1917): Psyche, 1903 (Bridgeman Images). Seite 102/103 Frederick Carl Frieseke (1874-1939): Venus im Sonnenlicht, 1913 (Privatsammlung). Seite 105 Carl Larsson (1853-1919): Lisbeth mit Pfingstrosen (Privatsammlung). Seite 106/107 Giovanni Boldini (1842-1931): Die Hängematte (Privatsammlung). Seite 109 Richard Miller (1875-1943): Die chinesische Robe, 1910. Seite 110/111 Berthe Morisot (1841-1895): Das Märchen, 1883 (Archiv für Kunst und Geschichte). Seite 112 Édouard Vuillard (1868-1940): Frau und Kind im Garten (Bridgeman Images). Seite 114/115 Henri Lebasque (1865-1937): Das Picknick (Bridgeman Images). Seite 116/117 Pierre-Auguste Renoir (1841-1919): Gartenszene, 1886 (Archiv für Kunst und Geschichte). Seite 118/119 Alain Bazard (*1944): Nachmittag in einem Garten (Bridgeman Images). Seite 120 Claude Monet (1840-1926): Frauen im Garten, 1867. Seite 122/123 Rowland Wheelwright (1870-1955): The Bluebell Wood (Privatsammlung).

ISBN 978-3-85179-477-9

Text von Eva Demski
Bildauswahl von Johannes Thiele
Gestaltung und Satz von Christina Krutz
Coverbild von William Henry Yarrow (1891-1941):
Der Obstgarten
Druck von Longo, Bozen

www.thiele-verlag.com